NATIONAL GEOGRAPHIC

Peldaños

¡ERUPCIÓN!

Lee para descubrir cómo la erupción del monte St. Helens sorprendió a los científicos.

El volcán despierta

por Rowe Findley   pasaje seleccionado y adaptado por Beth Geiger

Es un domingo temprano por la mañana, el 18 de mayo de 1980. Un llamado telefónico de mi amigo me saca a toda prisa de mi habitación de hotel para observar qué sucede. ¡El monte St. Helens ha entrado en erupción!

Me subo a un helicóptero para obtener una mejor vista. Es difícil aceptar lo que veo. La cima completa de la montaña ha desaparecido. Desde su centro, una columna de ceniza sale disparada miles de metros hacia arriba. Relámpagos anaranjados centellean dentro de la nube negra de ceniza. La **erupción** continúa durante más de nueve horas.

ROWE FINDLEY (1925-2003) se unió a National Geographic en 1959. Trabajó como editor adjunto por 31 años. Findley escribió un artículo sobre la erupción del monte St. Helens en 1980. Fue el artículo más popular en la historia de la revista. ¿Cuál era su tarea? Acompañar a los científicos que estudiaban el volcán... ¡a toda costa!

Volamos tan cerca del **volcán** como nos atrevimos. La densa ceniza hace que sea difícil respirar. Todo lo que veo debajo de nosotros es un páramo de ceniza caliente y serpenteante. Pronto me entero de que docenas de personas han muerto, y algunas eran amigas mías.

Las últimas seis semanas he estado viviendo cerca del monte St. Helens. Cuando recuerdo todo esto, debo decir que me siento afortunado de estar vivo.

Una columna de ceniza, gas y roca brota del monte St. Helens.

El volcán comenzó a despertarse el 16 de marzo, cuando varios **terremotos** pequeños sacudieron la montaña. Fue la primera señal de actividad en 123 años. Semanas después, brotaron chorros de vapor y ceniza. Ahí es cuando decidí ver el volcán en persona.

Me reuní con residentes y científicos después de que llegué. Volé en helicópteros, exploré la zona cercana a la cima y conduje por caminos remotos para escribir sobre el volcán.

Los terremotos sacudían la montaña a medida que la roca derretida y los gases aumentaban dentro de él. Un **cráter** reciente se formaba cerca de la cima. Además, la ladera norte del volcán se hinchaba y se agrietaba. "Esta montaña es un barril de pólvora", dijo David Johnston, un **geólogo** del Servicio Geológico de los Estados Unidos (USGS, por sus siglas en inglés).

Un día, dos geólogos y yo aterrizamos al borde del cráter nuevo. Recogíamos ceniza para hacer pruebas. Rocas del tamaño de una pelota de softball que habían salido expulsadas por el cráter estaban por todos lados. Era como jugar dodge ball con el volcán. Quería irme de allí. ¡Parecía como si los científicos se tomaran toda la vida para reunir sus muestras!

David Johnston entra en el cráter. Reúne muestras. Es un trabajo peligroso. Debe cuidarse de las rocas que salen despedidas.

El monte St. Helens se eleva sobre Coldwater I, como se lo ve aquí, el 11 de abril de 1980. El campamento está aproximadamente a 13 kilómetros (8 millas) del volcán.

Mientras tanto, todos observaban el monte St. Helens. Los visitantes se agrupaban en torno al volcán humeante. Querían saber qué sucedería y cuándo. Pero ni siquiera los geólogos tenían la certeza.

Los oficiales establecieron una "zona roja" de 16 kilómetros (10 millas) alrededor del volcán. Se pidió que nadie se acercara a esta área por su propia seguridad. Un hombre llamado Harry Truman se negó a dejar su casa en Spirit Lake, que estaba dentro de la zona roja. Había vivido allí durante más de 50 años. Lo visité en su cabaña para entrevistarlo. Truman dijo: "Recibo docenas de cartas de niños que se preocupan por mí. Pero soy parte de esa montaña. Me voy a quedar aquí mismo".

A fines de abril, las explosiones y las erupciones de ceniza se silenciaron, pero todavía crecía un abultamiento en la ladera norte de la montaña. Los geólogos estaban preocupados y desconcertados.

Los geólogos debían observar el monte St. Helens todo el tiempo, por lo tanto, armaron dos campamentos a varios kilómetros del volcán. Los campamentos se llamaban Coldwater I y Coldwater II. Los geólogos creían que los campamentos estaban a una distancia segura.
Se equivocaban.

Harry Truman y yo nos damos la mano en una escuela en Toutle, Washington. Los estudiantes disfrutaron cuando lo escucharon hablar sobre su amor por la montaña.

Esto es Coldwater I unos días después de la erupción. Puede verse la parte superior del carro de Reid Blackburn. Reid, un fotógrafo, no sobrevivió a la explosión.

El domingo 18 de mayo observé cómo salía el sol bajo el cielo despejado. La montaña parecía tranquila. No vi señales de lo que estaba por suceder.

Todo cambió a las 8:32 a. m. Los geólogos de Vancouver, Washington, recibieron un llamado urgente por radio de David Johnston en Coldwater II. "¡Vancouver, Vancouver! ¡Ahí está!" gritó. Esas fueron sus últimas palabras. El volcán estalló en una explosión colosal hacia los costados. La explosión destruyó todo en millas a la redonda, incluidos los dos campamentos Coldwater. Johnston no sobrevivió.

Los campistas huyen de una nube de gas, ceniza y roca extremadamente caliente que destruía todo a su paso. El hombre que tomó esta foto escapó por poco.

Ahora, mientras miro hacia abajo desde el helicóptero, parece como si estuviéramos en otro planeta. Había bosques aquí ayer mismo. Ahora la tierra está desierta, sin vida y enterrada bajo cenizas humeantes. Pienso en lo cerca que estuve de esta montaña peligrosa. Pudo haber entrado en erupción mientras observaba dentro del cráter. Tuve mucha suerte, pero otras personas no.

Compruébalo   ¿Por qué Findley creyó que tenía suerte de estar vivo?

EL DÍA QUE CAYÓ EL CIELO

por Robert Phalen

Un científico señala el monte St. Helens cuatro semanas después de la erupción. Las lluvias han endurecido la ceniza. La tierra es como un desierto gris.

Los **volcanes** son un peligro natural. Pueden dormir durante siglos y luego despertar repentinamente con un estallido. Durante la erupción del monte St. Helens, la explosión, los aludes de lodo y la nube de cenizas cambiaron paisajes y vidas.

LA EXPLOSIÓN

Un **terremoto** detonó la explosión. Cuando la montaña se sacudió, la cara norte del volcán se desmoronó. El **derrumbe de tierra** más grande que se haya registrado en la historia arrasó con la ladera del monte St. Helens. El derrumbe liberó la presión que se había acumulado dentro del volcán. Le siguió una explosión colosal que se pudo oír a 483 kilómetros (300 millas).

¡El derrumbe de tierra había "descorchado" el volcán! Una nube de rocas, ceniza, gas volcánico y vapor salió disparada a la velocidad de un avión. Esta era la nube de la explosión. Hacía un calor abrasador que llegaba a temperaturas de 350 °C (660 °F), suficientemente caliente como para hervir agua y quemar la madera. La nube de la explosión se abrió paso sobre la tierra y quebró miles de árboles gigantes como si fueran ramitas.

En cuestión de minutos, la erupción destruyó más de 520 kilómetros cuadrados (200 millas cuadradas) de bosque. Eso es más tierra de la que suman los siete países más pequeños del mundo combinados. Veintiséis lagos y cientos de kilómetros de arroyos y ríos desaparecieron. Millones de animales murieron. Cincuenta y siete personas murieron y muchas otras escaparon por poco.

ALUDES DE LODO La pequeña ciudad de Toutle está ubicada junto a la bifurcación norte del río Toutle. El Toutle está a cientos de kilómetros río abajo del monte St. Helens. Al principio, parecía que la ciudad se salvaría del volcán. Pero esto no sería así.

El enorme derrumbe de tierra que "descorchó" el volcán arrastró toneladas de hielo cuesta abajo. El derrumbe de tierra se detuvo en el valle del Toutle y formó colinas gigantes de peñascos, tierra y hielo enterrado. Las cenizas calientes de la erupción derritieron el hielo rápidamente. Toneladas de agua se mezclaron entonces con la ceniza, la tierra y la roca. Era una receta para el desastre.

Esta mezcla caliente y maloliente fluyó por el valle del Toutle hacia la ciudad. Como bates gigantes de béisbol, cientos de troncos de árboles formaron remolinos en la espesa y lodosa agua. Los aludes de lodo como este se llaman lahares. Los lahares están formados por agua, lodo y ceniza, y destruyen todo a su paso. Las autoridades dieron la señal de alarma. Se enviaron helicópteros para evacuar a las personas.

El lahar estaba a solo unos minutos cuando rescataron a las últimas personas. Salvaron a todos los residentes de Toutle, pero no sus casas. Lahares más pequeños ocurrieron en todas partes alrededor del volcán. Ese día los lahares destruyeron 27 puentes y más de 200 casas.

Una casa yace enterrada en lodo cerca de Toutle, Washington. El lodo es tan viscoso como el cemento húmedo.

LLUVIA DE CENIZAS La erupción volcánica disparó una columna de ceniza 19 kilómetros (12 millas) hacia el cielo. La ceniza se dispersó hacia el este. En horas, las ciudades a cientos de kilómetros estaban en completa oscuridad. La gente informaba que veía una cortina negra de ceniza que cubría el cielo y bloqueaba el sol. Relámpagos peligrosos llenaron el cielo. Luego, la ceniza cayó como una tormenta de nieve oscura.

En algunos lugares estaba tan oscuro que las personas no podían verse las manos. Las tiendas cerraron y el tránsito se detuvo. Los viajeros se refugiaron en las escuelas y las estaciones de servicio.

La ceniza volcánica no es polvorienta como la ceniza común. Está compuesta por trozos diminutos de vidrio y roca. Cuando la ceniza cayó como lluvia, mató a insectos y aves. También dañó los cultivos. Era difícil respirar. La gente se cubría la cara para protegerse. Los motores de los carros se ahogaban con las cenizas y dejaban de funcionar.

Tomó semanas limpiar todo. Una cantidad increíble de ceniza brotó ese día. Si se hubiera amontonado toda la ceniza en un campo de fútbol americano, la pila habría medido 241 kilómetros (150 millas) de alto. ¡Habría llegado al espacio!

Los trabajadores conducen barredoras de nieve para retirar la ceniza de este camino en Yakima, Washington. Pero la ceniza siguió cayendo. La ciudad quedó completamente a oscuras hacia las 9:30 a. m.

Compruébalo ¿Cómo afectó la erupción a las personas que se encontraban cerca?

Una tierra renacida

por Beth Geiger

La erupción del monte St. Helens en 1980 mató a millones de aves, animales pequeños, peces e insectos. Miles de animales grandes como el alce también murieron. Vastos bosques desaparecieron en segundos.

Esa **erupción** colosal fue terrible para la vida del lugar. Para los científicos, la erupción ha sido una oportunidad excepcional para observar cómo la vida comienza de nuevo.

Charlie Crisafulli, científico del Servicio Forestal de los EE. UU.

Antes de la erupción, los bosques que rodeaban al monte St. Helens estaban enraizados en un suelo fértil. En un instante, la erupción enterró el suelo, los valles y los cuerpos de agua bajo toneladas de ceniza y roca ardiente.

¿Cómo se ha recuperado la naturaleza desde 1980? Los científicos como Charlie Crisafulli, del Servicio Forestal de los EE. UU. han estado observando de cerca. La tierra que rodea al monte St. Helens está volviendo a la vida. "La naturaleza es tenaz", dice Crisafulli.

ZONA DE LA EXPLOSIÓN Esta área quedó destruida por la erupción. Cubre 370 kilómetros cuadrados (143 millas cuadradas). Su punto más alejado del volcán está a 27 kilómetros (17 millas).

- Zona de la explosión
- Deslizamiento de tierra
- Aludes de lodo
- Planicie de piedra pómez

Bifuración norte del Río Toutle

Lago Coldwater

Centro de visitantes del cerro Coldwater (Coldwater I)

Arroyo Coldwater Sur

Observatorio del Cerro Johnston (Coldwater II)

Lago Spirit

Lago Castle

Planicie de piedra pomez

LAGO SPIRIT Casi nada sobrevivió en el lago Spirit. Roca, ceniza y árboles muertos llenaron el lago. Las bacterias pronto volvieron tóxica el agua.

PLANICIE DE PIEDRA PÓMEZ Esta sección de la explosión era la más cercana al volcán. Nada sobrevivió. La tierra apenas era una extensión desnuda de piedra pómez. La piedra pómez es un tipo de roca que se forma cuando la lava se enfría rápidamente.

Cascadas Loowit

Monte St. Helens

N O E S

0   2   4 Millas

0   2   4 Kilómetros

La zona de la explosión

Imagina millas de árboles muertos, todos aplanados en la misma dirección. Eso produjo la explosión en el bosque del norte del monte St. Helens. "Pasó de ser un bosque vertical a un bosque horizontal", dice Charlie Crisafulli. Hasta 1 metro (3 pies) de ceniza cubrió el suelo en la zona de la explosión.

Esta capa gruesa de ceniza volcánica era un material desagradable al principio. Era ardiente y sofocó a muchas plantas y animales. Pero a largo plazo, la ceniza aportará nutrientes al suelo.

Sorprendentemente, algo de vida sobrevivió. Los renacuajos sobrevivieron debajo del hielo en estanques congelados. Las ardillas de tierra que hibernaban en su madriguera sobrevivieron. Algunas plantas y semillas quedaron protegidas en cavidades de nieve profunda.

1980

SÚPER SOBREVIVIENTES

Crisafulli dice que las plantas que sobrevivieron crecieron una barbaridad. "Estábamos sorprendidos de ver parcelas de prados ese mismo primer verano. Ahora algunos álamos americanos ya miden 18 metros (59 pies) de alto", dice.

Las ardillas de tierra viven bajo tierra. Muchas sobrevivieron a la explosión. Hoy las ardillas de tierra son uno de los mamíferos más comunes en el área.

Las ardillas de tierra todavía son las amas del corral bajo tierra. "Es difícil caminar sin caer en un hoyo de ardilla de tierra", dice Crisafulli. Las ardillas de tierra agitan el suelo cuando cavan. Esto hace que sea más fácil que las plantas se arraiguen. Además, los árboles en descomposición ayudan a que el suelo sea más fértil.

2011

Planicie de piedra pómez

Antes de que se llamara planicie de piedra pómez, un bosque elevado crecía en la ladera norte del **volcán.** Arroyos cristalinos serpenteaban entre árboles gigantes. El bosque era el hogar de incontables animales.

Después del 18 de mayo de 1980, "La planicie de piedra pómez no se parecía en nada a lo que había sido", dice Crisafulli. Los gases alcanzaron los 704 ºC (1,300 ºF) en partes de esta área. Eso es suficientemente caliente para derretir latas de refresco. Toda la vida desapareció rápidamente. Luego, la tierra quedó enterrada debajo de ceniza y piedra pómez.

La planicie de piedra pómez cubrió 39 kilómetros cuadrados (15 millas cuadradas) de la zona de la explosión. "Esta era la roca más reciente del mundo. Con muy poca vida, también era muy silenciosa", dice Crisafulli.

1980

EL TRABAJO DEL AGUA

El agua ha remodelado la planicie de piedra pómez. Su ladera, que era lisa, ahora tiene canales y un cañón. Normalmente puede tomar siglos para que los arroyos labren canales tan profundos. Pero el **derrumbe de tierra** y la erupción dejaron caer capas gruesas de material suelto. El hielo derretido y la nieve formaron arroyos que arrastraron este material suelto. Este proceso formó los accidentes geográficos que se ven en la actualidad en la planicie de piedra pómez.

Las cataratas Loowit caen por la montaña. El arroyo fluye sobre la llanura de piedra pómez. Formó este cañón en solo diez años.

Las arañas y los insectos llegaron primero, llevados por el viento. Después de que murieron, sus cuerpos en descomposición ayudaron a crear pequeñas parcelas de suelo nuevo. Los excrementos de alce aportaron semillas. Crisafulli dice que la planicie de piedra pómez ahora luce más verde que gris. En el verano, los prados muestran flores coloridas como los lupinos morados. Las aves, los saltamontes y las ranas llenan el aire con sus sonidos.

2004

Lago Spirit

El lago Spirit solía ser pintoresco. La erupción cambió eso. Ceniza, piedra pómez y árboles muertos llenaron el lago, que estaba dentro de la zona de la explosión. Este material elevó el nivel del agua 61 metros (200 pies). Miles de árboles muertos flotaban en la superficie. Solo sobrevivieron las bacterias. "Olía a huevos podridos", dice Crisafulli.

1980

BOSQUE SUBACUÁTICO

Los árboles muertos todavía cubren un quinto del lago Spirit. La tierra que lo rodea es sombría.

Pero bajo el agua es otra historia. "Es como un bosque subacuático", comenta Crisafulli. Los árboles hundidos y las plantas acuáticas forman excelentes hábitats para los insectos y los caracoles.

Sorprendentemente, pasan nadando unas truchas. ¿Cómo llegaron los peces al lago? Crisafulli cree que alguien los introdujo a escondidas alrededor de 1991. Esto no está nada bien, ya que los ecologistas esperaban estudiar cómo el lago Spirit cambiaba por su cuenta.

Una garza pasa volando y las cachipollas infestan el lago. Crisafulli dice que en unos 300 años, el área que rodea el monte St. Helens podrá tener el aspecto que tenía antes de la erupción. Al menos quizá hasta la próxima vez que el volcán haga volar su cima.

2009

Compruébalo ¿Cómo regresa la vida a las distintas áreas de la zona de la explosión?

Comenta

1. Describe algunas de las maneras en las que el monte St. Helens se conecta con las tres lecturas de este libro.

2. ¿Qué tan bien comunica Findley el peligro que corría? Usa el texto para apoyar tu respuesta.

3. Elige un suceso de "El día que cayó el cielo". Describe qué produjo el evento y cómo cambió la superficie de la Tierra.

4. ¿Cuál crees que es la idea más importante en "Una tierra renacida"? ¿Qué te hace pensar eso? Usa el texto para apoyar tu respuesta.

5. ¿Qué más te gustaría saber sobre el monte St. Helens? ¿Cómo podrías averiguar más sobre él?